* 9 7 8 9 9 4 8 7 6 7 1 8 3 *

كأنه هو

مناهل فتحي

كأنه هـو

شعر

إصدارات دائرة الثقافة، حكومة الشارقة 2024 م

الناشر: دائرة الثقافة ـ حكومة الشارقة ـ الإمارات العربية المتحدة

الهاتف: 5123333 6 971+

البرّاق: 5123303 6 971+

الموقع الإليكتروني: www.sdc.gov.ae

البريد الإليكتروني: sdc@sdc.gov.ae

811.9624

ف م. ك

فتحي ، مناهل

كأنه هو / مناهل فتحي.ـالشارقة، الإمارات العربية المتحدة : دائرة الثقافة، 2024.

108 ص؛ 21X14 سم.

1 ـ الشعر العربي ـ السودان ـ دواوين وقصائد

أ ـ العنوان

ISBN:978-9948-767-18-3

إهداء

لأنثى تُقلِّبُ في قاعِها ما يُحلِّي مرارَتها
(ملعقة ذكريات).

وصية

كان جدي يقول:
(إذا أنهكتكِ المسافاتُ،
نامي على شطَحاتِ الخيالْ)

ربَّما قد سكرْتُ،
وأصبحَ في وسعيَ القفزُ من تُرَّهاتِ المجازِ،
التسكعُ في اللامكانِ،
الترنّحُ بين الذي لا يقالْ

أجِّلوا هذه الشمسَ،

في الليلِ متكأٌ للأنينِ،

وفي الصحوِ ما لم تطقه الجبال

فورةُ أنثى

وقفتْ مريميَّـةَ الطُّهـر لَهْفَـى
مُقْـلَـتـاهـا مـواسـمٌ تتَـحَفَّى

لامَست سقْفَ بوجِها فاستفاقَتْ
وردةٌ فـي الحقـولِ تذبُـلُ قطفا

صوتُها في المدى انكسار اتُ صمتٍ
وتَـرٌّ شـنَّفَ المجرَّاتِ عزفا

همَسَتْ للسَّماءِ: كوني دثاري
قالتِ السُّـحْبُ: أسـتميحُكِ خوفا

فأَتَتْ من غياهبِ الوجْدِ ذنباً
غُسْــلُهُ أنْ تُعاقـرَ الدَّمـعَ رَشْفا

كيفَ يجلو الوُضوءُ آهةً ولْهَى
قرَّبــتْ قلبَهــا إلــى الشــوقِ زُلفى

رتَـقتْ فَتْـقَ روحِـها وتبنَّتْ
كلَّ دمـعٍ علــى الوســائدِ جفَّــا

هِيَ مأوى إذا الجراحُ استراحتْ
وهْـيَ إنْ هاجتِ المواجعُ منفى

فـذَّةٌ قايضتْ هُـدوءاً بـهَجْسٍ
عاصفٍ، لـوَّنَ النقـاءاتِ نزفـا

خـلَّفتْ للنـساءِ فَـورةَ أُنثى
قدحَـتْ في جليدِهـنَّ الصَّيفـا

ناي لفصول الشدو

تدلَّـي مـن الشـرفات ورداً لقلبه
وتجـري بكامـل حِبرهـا لمصبه

ويتبعهـا الغـاوون لكـنّ نصّهـا
عنيـدٌ ولا ينحـاز إلا لحبـه

تـرد عليهـم بردَهـم وسـلامَهم
وترقـب في شـوقٍ مواقيتَ حربه

وتلوي صديقتها الحميمة (بوزها)
تقـول لو أنـي أنتِ قمتُ بشـطبه

أتشــطبُ (ميســي) ثم تخسر بعدَه

وتبكي علــى ظلم الزمــان وغَلْبه

خســاراتها شــتى ورغم جراحها

تبــز كــؤوس الفائزيــن بكسبه

ونهبــاً له صارت فليــت ضلوعَه

تصــون وتحمــي مــا يقــوم بنهبه

تجهــز منــذ الصمــت نايــاً معتقاً

لعــل فصــول الشــدو تجمعها به

ومــن كل هجس قــد يُضِل فؤادها

تعــوذ بــرب العاشــقين ودربــه

حارسة الندى

كيفَ أمشـيكَ موحشاً يا طريقُ

والمشاويرُ عن خُطاي تضيقُ

كبَتِ البنتُ، والمدى ليس يدري

أسـيرٌ رجاؤهـا أم طليـقُ

وحد هذِي السـماء تقرأ ما بي

كُلَّما أفشتِ النصوصَ البروقُ

وحدَكِ الآنَ يـا عيونُ، انهمارٌ

فالغمامـاتُ جفَّ منها الرِّيقُ

وعلــى حافَّـةِ الحديقـةِ وردٌ
لم يـزلْ يدفـعُ الكـرى ويُفيقُ

خائفاً يهـربُ النـدى من يديه
ذاتَ وجـدٍ، ويسـتباحُ الرحيقُ

قـدرُ الـوردِ موتـةٌ وقطـافٌ
وهـو يـدري بأنَّـه مسـروقُ

كلَّما سيَّجته بعضُ أمانٍ
شبَّ فيه من القُنوطِ حريقُ

يا ابنةَ الطينِ، رمِّمي ما تهاوى
سرَّبَ الشوقَ قلبُك المشقوقُ

أوقـدي منك في المسـافةِ دفئاً
ربَّما سـالَ من لظاكِ شُروقُ

حفنة ظمأ

وأراوغُ اللغةَ العنيدةَ،

أختبي مني،

أدخِّنُ ما تبقى من كلام الليلِ،

من بوحي المكابرِ ،

من تبعثري الشقي

أنا ما تركتُ البحرَ رهْواً

بل تلوتُ عليه من ظمئي

فهاج وماجَ،

بادلني التأرجحَ

بين مدٍّ لا يبللُ ريقَ شاطئه، وجزرٍ موسمي

البحرُ أغواني

فعدتُ تَلْوتُ من أرقي عليه

غسلتُني في حالتيه

وجدتُني أشكو إليه مخاضَ خوفٍ مريمي

وتتوه من دربي الجهاتُ،

أدورُ حولي كالمريدةِ في قيامةِ كشفها:

(يا حيُّ،

يا قيومُ،

يا ربَّ المسافات العصيَّةِ،

يا غني)

أذوي،

يوشوشني الفراغُ،

البحرُ يكشفُ:

عن بناءِ السورِ،

ثُقَبِ سفينةِ الفقراءِ،

عن قتلِ الصبيْ

هذا فراقٌ بيننا يا بحرُ،

فالمعنى عصِيْ

وأنا اصطباري قلَّ

منذ صحوتُ في وطني، مقرِّ الأولياءِ

ولم أجد فيه وَليْ

فصرخت ملء هزيمتي:

أنا من تلوتُ على شفير الجبّ

أورادي لكي ينجو النبي.

اغتراب

قصيدةٌ ظِلُّها كُحْـلٌ على هُدُبـي
تنثالُ تطفئ مـا أكننتُ مـن لهبي

شـوقاً إلى الوطنِ المقدود من وجعٍ
مُـرَاوِدٌ عـن فـؤادٍ مـا يـزال صبي

ظمئتُ حتى سمعتُ الأرضَ تهمسُ لي
(تقمَّصي الغيمَ يا سمراءُ، وانسكبي)

أرضٌ برغـمِ سنينِ القحـطِ معشبةٌ
ونيلُهـا لـم يـزلْ تعويـذةُ الحقـب

سِـحرُ الزُّنوجـةِ مخبوءٌ بسَـحنتِها
وقلبُهـا مُتـرفٌ فـي مجـدِه العربـي

كم أشتهي الركضَ في أسحارِ سُمرتِها
بينَ البسـاتينِ، والأحـلامُ تركض بي

والنيلُ يغسـلُ ذنبَ الأرضِ مُذْ خُلقتْ
كأنَّـه فـي خـدودِ الكـونِ دمـعُ نبي

يـا موطـنَ العـزِّ، إنِّي طفلـةٌ حملت
أحلامَهـا فـي سـلال العمـر كالعنبِ

جالـتْ ولـم تلقَ في تَرحالِها سـكناً
فاسـتوطنت بينَ نار الشـوق والتعبِ

كأنّه هو

مُـذ تـاه هدهدهُ فهـامَ بغيـري
وأنـا علـى عرشـي أهدهـدُ صبري

أرفـو فداحاتـي، وألبـسُ أحرفـي
شـالاً يُقلِّـبُ في المواجـدِ جمـري

موجوعـةٌ، ورؤاَيَ توغـلُ في دمي
وفمـي يُـراودُ صمتـيَ المستشري

مـا ارتـدَّ لـي طرفـي بدمعـيَ مثقلاً
إلا وصـرخُ هـواَيَ يَهْتِـكُ سِـرّي

في لُجَّـةِ المعنـى كشـفتُ تولّهـي
وأضعْـتُ في سردِ الحكايـةِ عُمري

لـي مـن حبيبـي واحَتـا وجـدٍ، ولي
نهـرٌ علـى رمـلِ التوجّـسِ يجـري

لـي مـن سـليمانَ اقتبـاسُ هدايتـي
ولـه قـراءةُ مـا بقلبـي، أدري!

لـي مـاءُ أوجـاعِ النسـاءِ وطينـةٌ
نُقشـتْ عليهـا أبجديـةُ شِـعري

النخلُ أهدتني الشموخَ وخبّأَتْ
أنثى الحمامِ هديلها في ثغري

ويدايَ أهتـنُ غيمتين أراقتـا
بدفاتـرِ الصحـراءِ نشوةَ حبري

أمشي، وتمشي الشمسُ خلفَ قصائدي
والريـحُ تسـحبُ ذيلهـا في إثـري

الشفق المنسي

وقفتُ طويلاً خلفَ تاءِ أنوثتي
وخلفَ تقاليدي، وعاداتيَ التي...
تلـكّأتُ، واستعجلتُ، أوجسْتُ خيفةً
وحدّقـتُ في الليـل المقيـم بشـرفتي
تقمَّصنـي خوفُ الغروب، ورثْتُـه
من الشـفق المنسي في رَحْلِ جدتي
وآنسـتُ غِرْبـالاً أبـوحُ فينتقـي
يحرّف مـا ترمي إليه قصيدتي

ففُـكَّ حجابِـي أيُّهـا القلـبُ، وارْمِنـي
على الشـطِّ، وانـزع حيرتي وتشـتُّتي

وقـلْ للذي مــا زال في السـطرِ مبحراً
مرافئُـه الأولى تُضلِّـلُ قِبلتي:

شـرِقتُ بـه حتـى نطقـتُ بصوتـه
وأدمنتـه: خمـري، وشــايي، وقهوتـي

30

فيــا سَــفري، قــل للمطــاراتِ: تكتفي

ويــا وطنــي، ضمّــدْ رحيلــي وغربتي

ويــا عزلــةً ـ لمّــا تــزل تســتزيدني

لموالـيَ المفضي إلى الـروح ـ أنْصتي

حبيبــي، وما فــي القلبِ غيرُك ضمَّني

وحسبي ارتجافي، حين تهمسُ: (طفلتي)

سليلتكِ التي

سيكون إعدامي على مرأى النساءِ

وَبَيْنَ أصْدَاءِ الصَّخَبْ

فَأنَا اعْتَنَقْتُ فَضِيلَتِي الْكُبْرَى هُنَا

وَسَخِرْتُ مِنْ: كُلِّ الأساورِ،

والخواتمِ،

والقيودِ الـ (من ذَهبْ)

وأَنَا ارْتَحلْتُ بِلا هَوَادِج

مُنْذُ آلافِ الحِقَبْ

عَزْلاءُ مُثْخَنَةٌ

بِأوْجَاعِ النِّسَاءِ،

أذودُ عَنْ وَطَنٍ

حُدُودُ الْبَوْحِ فِي فَمِهِ تَقَالِيدُ الْعَرَبْ

تَبَّتْ يَدَا الْخَوْفِ الَّذِي يَغْتَالُ أسْئِلَتِي

وَتَبّ

أَنَا لن يَشِلَّ الثَّلْجُ خَاطِرَتِي

وَلا أَخْشَى اللَّهَبْ

فَلْتَبْقَ حَوَّاءُ الحَزِينَةُ تَحْمِلُ المِيزَانَ

تَعْصِبُ عَيْنَها

تَسْتَلُّ مِنْ دَمِها النَّحِيبَ

وَمِنْ حَوَاشِيهَا الْغَضَبْ

أُمَّاهُ يَا حَوَّاءُ، تِلْكَ:

هُوِيَّتِي،

لُغَتِي،

وَذَاكِرَتِي،

وَأُغْنِيَتِي مَعِي

لَكِنَّ هَذا الْقَلْبَ يَرْفُضُ تاءَ تَأْنِيثِي

وَيَمْضِي حَيْثُ شَاءْ

يا قلبُ، كم توّجتني الأولى بمملكة النساءْ

لكنَّ عصري الآن يغتالُ الأوائلْ

عَلَّمْتَني كيف التجملُ في مرايا الأفق

عُدْتَ قصصتَ أجنحتي لأرتادَ السواحلْ

يَا قَلْبُ إنِّي قَدْ حَمَلْتُ قَصِيدَتي

وَوَضْعْتُها أُنْثَى تَنُوءُ بِصَمْتِها

فَإِذَا أَتَتْ بَوْحاً شَفِيْفاً صَادِقاً

وَأَدَتْ بَرَاءَتَها الْقَبَائِلْ!

أَوْرَثْتُها شَرَفِي

فَمَا اخْتَارَتْ سِوَى شَرِفِ الْكَلاَمْ

أَرْضَعْتُها حَرْبِي

فَمَا غَنَّتْ سِوَى لَحْنِ السَّلاَمْ

عَلَّمْتُها نُسُكِي

فَمَا صَلَّتْ بِما قَرَأ الإِمَامْ

خَبَّأْتُ عَنْهَا أَنَّنِي رُغْمَ انْتِصَارَاتِي

وَرُغْمَ تَمَرُّدِي

ظَلَّ السُّؤَالُ مُلَازِمي:

كَيْفَ احْتِمَالِي لِلْهَزِيمةِ حِينَ تُهْزِمُنِي الدَّواخِلْ؟

إِنِّي لأَبْحَثُ عَنْكِ يَا حَوَّاءُ،

قَدْ ضَاعَتْ مَلامِحُكِ الجَمِيلةُ

بَيْنَ أَقْنِعةٍ وَزِيْف

أُمَّاهُ إِنِّي كَالنِّسَاءِ أُخَبِّئُ الأُخْرَى

بِجَوْفِي

إِنِّي سَلِيْلَتُكِ الَّتِي مَا عَادَ يُعْجِبُهَا التَّخَفِّي

مَاذَا جَنَيْتُ مِنْ الأُنُوثَةِ

غَيْرَ إِذْعَانِي،

وَضَعْفِي

وَتَسَتُّرِي خَلْفَ الحَقِيقَةِ،

وَارْتِعَاشَاتِي،

وَخَوْفِي

وَهَشَاشَةٍ

مَا غَطَّتْ الجُرْحَ الصَّغِيرَ

فَهَلْ سَتَكْفِي؟

أَنَا مَا نَقَضْتُ وَثِيْقَتِي

مَا خُنْتُ تَقْلِيدِي وَعُرْفِي

لَكِنَّنِي

رَجُلٌ بِسَبْرِ الْغَوْرِ

وَامْرَأَةٌ بِحَرْفِي.

ينتابُها النيل

تُعتِّقُ اللحنَ مرّاً ثم تغترفُ
موّالُها النهرُ، والأنهارُ لا تقِفُ

تندسُّ بينَ بيانٍ لا يدثِّرها
وكلَّما غطّتِ الآهاتِ تنكشِفُ

كم مرّةٍ نذرَتْ صمتاً وأعجزها
حتى استتبَّ على أورادها اللهَفُ

ينتابها النيل، كم حزناً تَغَصُّ به

فتذرفُ النصَّ مدراراً وترتجفُ

ها أعطني الناي، قالتْ: قف، كما وقفوا

واصمتْ فإنّ غنّاءَ المبتلَى ترفُ

فهل سيبقى أنينُ الناي يا وجعي؟

وهل فناءً سوى هذا سنكتشفُ!

كنا وأرجوك يا تأريخ خذ قلماً

لا ينمحي، مثلما بالأمس قد حذفوا

كنا نعدُّ لعيدِ اللهِ فرحتَنا

ومِن سنا الفجرِ يا جبرانُ، نرتشفُ

هذا يرتلُ من آيٍ يُحبِّرُها

ويشعلُ الليلَ بالأذكار، يعتكفُ

وهذه نقشتْ وهج النجومِ على
كعكِ كثيرٍ، فهذا العيدُ يختلفُ

(فجأةً..
صارت الأرضُ باردةً
تحت أقدامنا بالنزيفْ

غابت الشمسُ في فجرها وتعالى نشيجُ البلدْ

أيها المضطهَدْ

أيَ عدلٍ ستَنْشُدُ بعد انفضاضِ السماءْ؟
أيَّ حريةٍ،
والفضاءُ اتّقدْ؟

يا وَلَدْ:
قم ولملم حبالَ النشيذْ

واتَّبِعْ لحظةَ الانطفاءْ

يا سليلَ الجبالْ

ها هو النيلُ تنُّورُ موتٍ يفورْ
جثةً جثةً هكذا دونَ عدْ)

قابيلُ يا ربِّ، يمشي في جنازتنا
ولم تزل في زوايا سيفه نُتَفُ

والأرضُ عاريةُ الأقطاب، آدمُها
ما زال من شجرِ العصيانِ يقتطفُ

مجذوبةٌ لمقامِ الموت سافرةٌ
وكلما غفر الأسيادُ تقترفُ

كانت هناك وكان الأفقُ يحجُبه
دمٌ كثيفٌ ورعبٌ فوق ما تصفُ

يا ليتهم ذبحوها قبل أن... سكتتْ

فكيف يَنطِقُ بعد اليوم ذا الشرفُ

راحت تسدُّ فتوقَ الروح جاهدةً

وقلبُها من جراحٍ غضَّةٍ نَزِفُ

دو/ ري/ ويبتدئ المذبوحُ رقصتَه

مِي/ فا/ وتنجذبُ الآلام والسُّدَفُ

يا حزنُ يا حزنُ.. كان الحلمُ خادعَها

يا موتُ، يا فَقْدُ، يا أوهامُ، يا أسفُ

هذي الصبيةُ منذُ اللحنِ واقفةٌ

وربما بعض موّالٍ وتنصرفُ

معفّرة بالسكوت

أحيطُك علماً بأنِّي

أكونُ خرافيةَ البوحِ

حين عيونُك تسدلُ (لا خوفها) فوق قلبي

وتُشعلُ فيَّ اشتهاءَ الحكايا

تفكُّ ارتباكي،

وتطلقُ بحراً وراء التباسي

ليغسلَ فيّ اثنتين

معفّرةً بالسكوتِ، ومثقلةً بالوصايا

أعودُ مبللةً بافتقادِك حدَّ التقطُّرِ،

تُورِقُ فيَّ المواويلُ،

أنشِدُها للغياب،

ويعزفُ لي رجْعُ همسِك نايا

وباسْمِك سنّتْ نساءٌ سكاكينَهنَّ،

فهل سوفَ تقدحُ جذوةَ غيري؟

وهل سوف تُشعل قنديلَ أنثى سوايا؟

يُشاكسني الحدسُ،

يخطئُ حين أظنُّكَ قيسي

أصدّقُ ظنِّي،

وأهربُ منِّي،

ومن قلبيَ الوغدِ، من كشفه للخبايا

ألمُّ شتاتي من الشهقات

وأعلنُ أنِّي مدينةُ صمتٍ

حللتَ بها عقدةً من بياني

فرتّلتُ من وحي حبّكَ آيا

نشيدٌ للوطن

نِيلُـه في ملامحـي يتجلّـى
موجـةً موجـةً فأصبـحُ سـيلا

أنحنـي، تلثـم الرمـالُ جبينـي
أرتقـي في السـهولِ أحضِنُ حقلا

وطـنٌ كلمـا تهالـك شيخـاً
عـاد فـي أعيـن المحبيـن طفـلا

وطـنٌ فوقَـه أكاليـلُ شـوكٍ
وهـو مـا زال للآلـئ أهـلا

كـم علت سـاقُه تـوزّعُ قمحـاً
وسَـمَـت كفُّـه تـقـطّـرُ طلا

صاعداً باسمرارِه صـوبَ أفقٍ
وتـصـلـي الـقـلـوبُ ألّا يـزِلا

حـدّقَ العُمـيُ، صار موجـةَ نورٍ
وتولّـى النبـيُّ، صـار الظـلا

ظِلُّـه الشـكلُ والمجـازُ يقيـنٌ
كـم تقمصتُـه فكنـتُ الأحـلى

كنتُه ساعةَ القيامةِ لمّا

بُعِثَتْ لهفتي تهزُ النخلا

كنتُه وارتديتُ حُمرةَ ناري

والكمنجاتُ من يدي تتدلى

وهمستُ النشيدَ في أذنيه

رغم ما فيه من عسى ولعلّ:

يا الذي تقدحُ القصائدَ فينا

أنت من كلِّ ما نقدّسُ أغلى

لا تعكّـر رؤاكَ غيمـةُ صيفٍ
فالغيـومُ العجـافُ تعبرُ عجْلـى

جئتـكَ الآنَ يـا حبيـبُ، فخذنـي
ذوّبِ القلـبَ فـي غرامـكَ وَصْلا

غفَت الشـمسُ في كفوفك، دعها
واسـقني الوحـيَ من دِنانـكَ ليلا

وما اقتبسْتُكَ

موءودةٌ في الصحارى

أنفضُ القبْرا

وأكتفي بالسَّرابِ المحْضِ

لي سِتْرا

أمشي

على طرَفِ الأشياءِ مائلةً

وأستقيمُ على أنصافها سَكْرى

بغداد أمشي
وظلُّ القُدْس يتْبعُني
وفي مراياي وجهُ الشَّامِ مُحْمرّا

توقُّدي وانطفائي: دَفَّتا قلقٍ
شَفْعاً،
وليتَ همومي تقْبلُ الوتْرا

مجدولةٌ كحبالِ الشوقِ أُغنيتي
وما فكَكْتُ سوى ترنيمةٍ عَبْرَى

وأَستفيقُ على صوتي

فأنكِرُني:

هذي أنا أمْ تُراني مريمَ الأُخرى؟!

عطْشى

أهزُّ جذوعَ الغيْمِ، واهنةً

يَصْدى مسيحي؛

فيزدادُ الحشا جَمْرا

أَقولُ: يا شافعي والذنبُ يُسكِتُني
فيستحيلُ دعائي أدمعاً حرَّى

أَحبو،
ويندلعُ الموَّالُ في شفتي
حتى رأيتُكَ تكسو أحرفي صبْرا

ومَنْ سواكَ
يلِمُّ النوحَ من لغةٍ
لمْ تدَّخرْ للقصيد المُشتهَى سطْرا

مشيتَ بين تفاسيري وقافيتي

وانْسَبْتَ بين مجازات الهوى سِفْرا

كفَّاكَ تبتكرانِ الدَّرْبَ

في وطنٍ من الصحارى

فيمسي جَذْبُهُ نَهْرا

عيناكَ سنبلتانِ اعتادتا سفَراً

وحطَّتا في كفوف الـ(أُنْهِكوا) فقْرا

اقرأ؛

ليحلوَ ملْحُ الأرض في فمنا

اقرأ؛

لتمحوَ عن آذاننا وقْرا

اقرأ؛

لتوقظَ أيّاماً لنا هجعتْ

والكهفُ يُقْرِضُنا شمساً غفَتْ دهْرا

مُغيَّبونَ

ويَغشى وعْيَنا خَدَرٌ

نحيا على طللِ الأمجادِ والذكرى

مقوَّسونُ وحدُّ السَّيفِ معتدلٌ

وما ارتكبنا سوى خُذلانِنا وِزْرا

نغفو بأكتافكَ الخضراءِ

تُطلقُنا كما النسيمُ

فننسى أنَّنا أسْرى

تسُلُّ من أفقِنا المقبورِ عَتْمتَهُ

كفى بوجهِكَ نوراً غيَّبَ البدْرا

حرفي

يُخضِّبُ بالمعنى أناملَهُ

ليرتقي

لمقامٍ أَعْجزَ الشِّعْرا

يطرِّزُ اللغة البيضاءَ

يعزفُها على الضلوعِ

فيُهْدي كَسْرَها جبْرا

محمَّدٌ!

تشهقُ الدنيا لسيرتهِ

وتستديرُ إلى أَخلاقهِ حَيْرَى

محمَّدٌ!

يشهدُ الأعداءُ أنَّ لهُ عفواً فسيحاً

لمَنْ لمْ يلتمسْ عُذْرا

عُلوُّهُ يمنحُ النَّخْلاتِ قامتَها

فتستطيلُ؛

ويقتاتُ المدى تمْرا

يا سيّدي

وحُبيباتُ الندى انفرطت

هَبْنا فؤادَكَ نستسقي به القَطْرا

سلْ تُعْطَ

واشْفَعْ تُشَفَّعْ

أنتَ منقذُنا من الهلاكِ

وكاسينا إذا نعرى

بيانُكَ افتضَّ صمْتَ الأرْض

حرَّرَها من لَعْثماتِ صباها

رتَّلتْ سِحْرا

وكلَّما أخمدَ الغاوون جذْوتَها

قدحْتَ فينا وفي أقطابها برَّا

أمَّا السماءُ

فحارتْ فيك وابتعدتْ

ولم تُحِطْ بحدود المصطفى خُبْرا

فكلَّما استوعبت أوصافَكَ ارتفعتْ

وكلَّما ارتفعتْ زايَدْتها قَدْرا

يرويكَ دهْرٌ

وإن جفَّتْ محابرُهُ

سالت دمانا على أوراقِهِ حبْرا

بنيتَ عزَّ اليتامى

أنتَ كنْزهمُ

وما اتخذتَ على بُنيانهِ أجْرا

ترسو بِبابكَ أجيالٌ مشتَّتةٌ

مدائنٌ أُوسِعتْ هاماتُها كسْرا

وترشِدُ البوصلاتِ العُمْيَ

في زمنٍ أدمى العيونَ رحيلاً

قاسياً مُرّا

أشكو لِحِلْمِكَ جيلاً كلّهُ قلقٌ

يغتالُ أحلامَهُ

حتى غدت صفرا

حمَّلْتَهُ شعلةَ التنويرِ، أطفأَها
علَّمتَهُ الكرَّ، أمضى حربَهُ فَرًّا

أحكي
وطاعنةٌ في الوجْد مفردتي
أقولُ: أحمدُ،
يختالُ النِّدا فخْرا

إني رأيتك تعطي الريحَ وجهتَها
تسوقُها لمقامات الندى عطْرا

ويرتديكَ غمامٌ

طالما انتسبتْ أمواهُهُ

لسرابٍ أظمأَ العمْرا

بُراقُكَ القمَرُ المُنشقُّ من وَلَهٍ

أسْرَجْتَهُ

فتمطّى يحملُ البشرى

وترتقي سلَّمَ السبع الطباق

ولا طينٌ سواكَ

على ذاك العلا مَرًّا

لكَ امتدادُكَ في كلِّ القلوب

ولي فوضى ارتعاشي

إذا ما الشوقُ بي أسرى

لكَ اكتمالُكَ

لي نصٌّ يُعاندني
إذا ذكرْتُكَ كفَّتْهُ يدُ الذكرى

اخْتَرْتُهُ من بسيطٍ، فاقتفى عُقَداً
وآثرَ الصَّمْتَ... أو جاراهُ مُضطرًّا

أقولُ مستفعلن تغتالُها فعلن
فأَنْزوي من جديدٍ
أُنشِئُ الصدرا

أطوفُ كلَّ الجهاتِ الستِّ

أنتَ بها إمامُ قلبيَ

تدعوهُ: اتّخذْ شطرا

وما اقتبسْتُكَ حينَ الليل داهمَني

إلّا لأغزلَ من أنوارِكَ الفجرا

أبنوسة

ما بين بوحِ الشاكياتِ وصدرِها
لغةٌ تراوغُ حزنَهن وتفرحُ

لغةٌ تفتحُ للمدى أزرارَها
وتغوصُ فيما تشتهيه وتسبحُ

يا بحرُ عِش للجَزْر، مدُّك موجع
والرملُ من فرط اهتياجِك يُجْرَح

أبَنوسةٌ سمراءُ صَلبٌ عُودُها

والقلبُ في رسم الهشاشةِ ملمحُ

بَخِلَتْ عليها الذكرياتُ بهدأةٍ

فمضتْ يُلاعبُها الجوى ويؤرجحُ

لفّتْ ببعضٍ الليل مكمنَ سِرها

غطته والقلبُ المولّهُ يفضحُ

فإذا بفجرٍ ما يضفّر خوفها معه
يؤوّلُ ما تدُس ويشرحُ

في كفّها صبٌّ يجاهرُ باسمِها
لا يستتابُ عن الهوى، لا يُكبحُ

يمشي على حنّائها متلهفاً
فتصدُّه حيناً، وحيناً تمنحُ

ركَنتْ إليه وما إليه مآلُها

جنَحَتْ وغِيض الماءُ إذ هي تجنحُ

عزفتْ على ضلعِ الحنينِ نَشازَها

والموجُ يهذي بالنشيدِ ويصدحُ

ونكايةً بالدمعِ أغمَدَت الأسى

ومشتْ على خيطِ الرجا تترنحُ

ما بين كفيها تُراقُ قصيدةٌ،
يُغتالُ موالٌ،
ويُنفَى مسرحُ

كفٌّ على طينِ البدايةِ غضةٌ
كفٌّ على متنِ السحابِ تلوّحُ

رسالة قصيرة جدّاً

يا راحلاً مثلَ الغمامِ،
كما تشاء الريحُ،
ليس كما يشاءْ

أنا لستُ هنّ،
ملامحي مطمورةٌ،
وضفائري مجدولةٌ بيد المساءْ

تنضو عن الروح أسمالها

ها أنا الآن أخرجُ للدربِ

لا أبتغي غير قطرةِ نورٍ

تسيلُ على لغتي

لتبللَ من ليلها ما تيسرَ،

أخرجُ مترعةً بالترقبِ،

أمضي على صهوةِ الجرحِ،

أحنو على النيلِ إذ أرهقَتْه التماسيحُ،

أوقد ناراً تطاردُ هذا السكونَ،

وأهتاجُ ناشرةً

حنطةً فوق تلك البلادِ التي...

وأمرُّ على الناي هادئةً كالنسيمِ،

فأوقظُ لحنَ السواقي،

وأسحبُ أجنحةَ اللحنِ،

صوبَ الطيورِ التي نفقَت من قنوطٍ لأنفخَ فيها النشيدْ

ها أنا الآن أحزمُ باقي دمي

ثم أكنُسُ من كهف روحي الصديدْ

وآنستُ همساً،

تجلت ليّ الريحُ،

دكت شفاهيَ حتى تدفق من جانبيها القصيدْ

فناديتُ:

يا ريحُ، يا ريحُ،

تحتشدُ البنتُ بالأمنياتِ،

تمشِّطُ بالسهدِ أهدابَها

ثمَّ تنفضُ عن قلبها الغضِّ

أضغاثَ خوفٍ عنيدْ

يا ريحُ قولي لها كيف تعصفُ طارئةً مثل شوقٍ،

تحاصر هذا النحيبَ،

وتُشهرُ في وجهه الوردَ،

قولي لها كيف تنضو عن الروح أسمالَها

ثم تشتِلُ حقلاً من الصلوات لتُرفعَ أعناقُ وردٍ تدلت

وتمضي بأحلامها للبعيدْ.

تشظياتٌ مسكونةٍ بالفوضى

أنَا نِصْفُ مَسْكُونَةٍ بالظَّلامْ

وَفِي الصَّدرِ مَا زَالَ بَعْضُ البَصيْصِ،

سَأنْحَازُ لِلضُّوءِ أجْرِي،

وَأنْفُضُ عَنِّي شُجُونِي وَفَوْضَاي،

دَمْعِي، وَشَكْوَاي،

أسْتَرِقُ الصَّبرَ،

أسْمَعُ قُدْساً تُنَادِي،

فُرَاتاً يُنَادِي،

وَنِيْلاً وَشَامْ

(هوَ المَوْتُ

يَا امْرَأةً مِنْ حُطَامْ)

***

أَنَا نِصْفُ مَكْشُوفَةٍ لِلْهَجِيرِ،
وَفِي الظِّلِّ مَا زَالَ بَعْضُ الرَّحِيْقْ

سَأَنْحَازُ لِلْشَّمْسِ
رُغْمَ احْتِوَائِي مَا قَدْ يَذُوبُ
وَمَا قَدْ يُفِيقْ

سَأنْحَازُ لِلشَّمْسِ

أمْشِي وَيُرْبِكُنِي الْخَطْو فِي وَطَنٍ

أرْضُه كَالسَّحابِ الْهُلامْ

فَأكْبُو، وَتَفْجَعُنِي سَقْطَةٌ مِنْ أعَالِي الْجَمَالِ،

إلى آهةِ امْرَأةٍ تَقْتَفِي صَوْتَ أطْفَالِهَا

فِي الرُّكَامْ

أنا نصف مسكونة بالظلامْ

***

أَنَا نِصْفُ مَوْجُوعَةٍ بِاللَّهِيبِ،

وَفِي الْقَلْبِ مَا زَالَ بَعْضُ الْجَلِيدِ،

سَأَنْحَازُ لِلثَّلْجِ،

أَقْعُدُ مُثْقَلَةً مِثْلَ إِسْفِنْجَةٍ

عَانَدَتْ مَا بِها مِنْ خَوَاءْ

إِذِ امْتَصَّتِ الْمَوْجَ حَتَّى أَتَى الْبَحْرُ يَرْجُو لَدَيْهَا الرَّوَاءْ

إِذِ امْتَصَّتِ الدَّمْعَ حَتَّى تَأَخَّرَ رُغْمَ الْمَوَاجِعِ فَصْلُ الْبُكَاءْ

أَنَا نِصْفُ مَسْكُونَةٍ بِالظَّلَامْ

***

وَأَحْبُو وَتَنْزِفُ كُلُّ الْقَصَائِدِ فِي طَلْقِهَا سِحْرَها

فَلَا يَطْهُرُ الْحَرْفُ مِمَّا اعْتَرَاهُ

وَلَا تَسْتَطِيعُ الْقَوَافِي الْكَلَامْ

(هِيَ الْحَرْبُ

يَا امْرَأَةً مِنْ حُطَامْ)

فَهَلْ يُرْجِعُ الدَّهْرُ يَوْماً أَلِيْفاً كَشَايِ الصَّبَاحِ عَلَى صَوتِ فَيْرُوزْ؟

شَفِيْفاً كَوَحْيِ الْقَصِيْدَةِ مِنْ دُوْنِ بَتْرٍ

وَمِنْ قَبْلِ أَنْ تَدَّعِي الِاحْتِشَامْ

عَفِيْفاً

يُطَهِّرُنَا مِنْ خَطِيئَتِنَا

كُلَّمَا دَسَّ قَابِيلُ فِي طِينِنَا

نَزْعَةً لِلدِّمَاءِ الْحَرَامْ

أَنَا نِصفُ مَسْكُونَةٍ بِالظَّلَامْ

* * *

يُرَاوِدُنِي الْفَجْرُ

يَهْتِكُ حُرْمَةَ رُوْحِي

يُحَيِّدُ ذَاكِرَتِي

فَأَجُوبُ الْفَرَاغَ أُصَلِّي

أُصَلِّي

إِلَهِي الَّذِي فِي السَّمَوَاتِ مُدَّ يَدَيْكَ لِمَنْكُوبَةٍ

مَا ابْتَغَتْ غَيْرَ أَمْنٍ، وَعَافِيَةٍ،

قُوْتِ يَوْمٍ تَحُوز بِهِ الْكَوْنَ

ثُمَّ تَنَامْ.

ماء لجبين الورد

(إلى الإمارات وهي تطلق مسبار الأمل)

إلــى غدِنــا البعيـدِ مَـددْتِ ظِـلا

ليُعشِـبَ فوقَ جَـذْبِ الحُلْـمِ حَقْلا

رسولٌ بلْسـمٌ يطـوي سماءً

مُثقَّبـةً بنصْـلِ الحُـزْنِ قَتْـلا

ليبنـيَ في الفضـاءِ رِواقَ رمْـلٍ

ويشْـتِلَ في رَميـمِ الغَيْـمِ نَخْـلا

علـى عَوراتِنـا يُرخـي سُـدولاً

فيُبْـدلُ يأسَـنا أمـلاً مُطـلا

وينفُذُ للكواكبِ مُستنيراً

بحكْمـةِ زايـدِ الرَّمْـزِ المُعلَّـى

فيلمـحُ راشـداً في دارِ خُلْـدٍ

ويسـمعُ سُـورةَ الإنسـانِ تُتْلـى

سـتَقْرؤهُ السـنينُ، تُطيـلُ مَكْثـاً

إذا مـرَّتْ علـى الأوراقِ عَجْلـى

فيــا تاريــخُ: دَوِّنْ مَجْـدَ قـومٍ
غــدوا للسَّـبقِ والإدهـــاشِ أَهْــلا

حـدودُ الأرضِ ما حَـدَّتْ طموحاً
لَــهُــمْ فتدفَّقوا للفُلْكِ سَيْـلا

ومِــنْ حُمْـرِ الصخورِ أَتَـوا بماءٍ
ليغسـلَ عن جبيـنِ الـوردِ وَحْلا

الفهرس